Agradecimento

Sempre, e em tudo agradeço a Deus pela oportunidade da vida, a oportunidade de ser chamado de seu filho, mesmo que enxertado mas com sentimento de pertencente a família de Cristo!

A própria criação de Deus foi inspiradora para escrever este livro, por que como na maioria dos estudos, quando olhamos para a criação e seus detalhes, temos condição de se inspirar, e assim termos referências para transformar vidas, vidas que se atolam, que se acabam, que perdem o melhor do momento, por falta de foco, falta de conhecimento. Então por esta inspiração agradeço a Deus. Também agradeço pela paciencia minha família e principalmente a minha esposa, que soube entender cada momento de ausência minha e foi em muitos momentos, a mulher e o homem da casa!

Sua empresa é um bebê!

SONHE, SEMPRE ALÉM DOS SEUS LIMITES

Sua empresa é um bebê!

Prefácio

Sempre me preocupei com o desenvolvimento de todos que buscavam na arte de empreender o seu caminho, principalmente quem por muito tempo fica estagnado, e quando se surpreendia com sua empresa doente, tantas vezes sem cura imediata, e tudo por causa falta de conhecimento ou da dificuldade de implementar a teoria na prática, por um tempo busquei uma analogia onde fosse claro e de fácil entendimento entre uma referencia e o ato de empreender. E assim nasceu depois de uma live no instagram um projeto chamado "roleta russa" de perguntas e respostas, com o meu primo Gabriel, após a live pensei como poderia auxilia-lo em sua aventura empreendedora, já que suas dúvidas são a da maioria dos pequenos empreendedores, resolvi escrever este livro. Leve a sério e busque o topo!

Sua empresa é um bebê!

DE ATENÇÃO AO SEU FILHO SENÃO OUTRO DARÁ

Sua empresa é um bebê!

Introdução

Toda gestação deve ser planejada, fugindo o casal, do susto e problemas que uma gravidez involuntária pode trazer, assim também vale para as empresas, que desde o nascimento da ideia deve ter seu plano de ação para evitar dor de cabeças futuros! 100% dos casais héteros, sabem que existem chance de ter filhos, mas 100% temem quando algum sinal de gravidez aparece, assim nas empresas 100% sabem dos riscos de dar errado, mas ficam pouco atentos aos sinais de baixo rendimento!

Sua empresa é um bebê!

ENSINE A LIÇÃO DE CASA, FAÇA COM ELE, ASSIM APRENDE OS DOIS!

Sua empresa é um bebê!

Cap. 1

A melhor hora para planejar, ser criativo, escolher cor, escolher características de uma empresa é quando ainda ela não existe, pois assim muitas das variáveis podem ser mudada, como na escolha dos traços de uma criança já na escolha do marido dá para se ter uma ideia como será os filhos. Não dá para ter filhos negros, casando com asiáticos.

Na hora de usar a criatividade para construir o plano de negócios, se deve ter atenção se há excessos, se é plausível, se tem inovação, e se os diferenciais possuem valor por quem comprará seu serviço ou produto.

Sua empresa é um bebê!

BATA COM VARA MAS TENHA PIEDADE

Sua empresa é um bebê!

Cap. 2

✓ A cultura Japonesa nos ensina que devemos planejar ao máximo, por meses e só depois de todas variáveis estiverem esgotadas de teste, se deve lançar algum projeto, já na nossa cultura, algumas mulheres costumam já estar de 8 ou mais semanas quando descobrem que estão gerando uma criança.

Infelizmente isto se repete na abertura de empresas no Brasil, não há um planejamento, não existe um estudo de mercado, um desenvolvimento de um plano de ação ou de negócio.

Desenvolva um mini planejamento de 7 meses até o inicio do seu negócio, a seguir falaremos mais sobre os 7 primeiros passos para se empreender corretamente.

Sua empresa é um bebê!

SEU FILHO É REFLEXO SEU.

Sua empresa é um bebê!

Cap. 2

✓ Qual vai ser o sexo do bebê, esta é a primeira pergunta de uma futura mãe ao ter a confirmação da sua gravidez, na criação de uma empresa a pergunta é qual a área em que ela vai atuar? existe muita concorrência física? já existe grande concorrentes na internet? ou é uma mata virgem a área em que vamos atuar? definido o ramo de atividade, devemos saber se precisaremos de muito investimento para atuar na área.

Sua empresa é um bebê!

VOU CONTAR ATÉ 3.
1.. 3

Sua empresa é um bebê!

Cap. 2

✓ Se você nunca teve um filho ou criou algum muito improvável você saber o quanto custa, só falar a palavra Filho, alem do valor financeiro ainda vem o peso da responsabilidade. E com seu novo negócio é a mesma coisa, o capital investido não deve ser toda a renda da família, pois é necessário um recurso para capital de giro, e outro recurso que chamaremos aqui de recursos para as "fraldas premiadas" (falaremos mais a frente sobre isto).

✓ Mas nada é mais importante que não começar um negócio com dívidas, seja ao banco, ao sócio, ou ex-proprietário. Claro que não estamos limitando sua sacada sensacional, mas as estatísticas dizem que endividamento é fator de fechamento de muitas empresas!

Sua empresa é um bebê!

EXISTE EX EM QUASE TUDO SÓ NÃO EX-FILHO

Sua empresa é um bebê!

Cap. 2

Pré - Natal 3/8 - Concorrência

✓ Se você já teve filho vai entender o que falarei aqui agora, quando se fica grávido, parece que o mundo inteiro fica grávido, isto se chama familiaridade, assim quando você monta um negócio e seu planejamento foi ruim, você descobre que dentro de um raio de 1 Km existe 20 empresas semelhantes a sua, fora as que priorizam sua área para entrega do Ifood*, Então nesta etapa circule seu ponto de venda, seu bairro, faça um levantamento dos seus parceiros de negócios, sinalize possíveis parcerias, há campo para todos, porem somente os que sabem cuidar dos seus bebes estarão junto a eles na maturidade das suas vidas.

Sua empresa é um bebê!

SEJA PAI, ASSUMA SUA RESPONSA

Sua empresa é um bebê!

Cap. 2

- ✓ Quando imaginamos a criação dos nossos filhos sempre pensamos que eles irão ter aquilo que nós não tivemos, ou serão criados de uma maneira diferente. E no plano de negócio da empresa também deve ser pensado isto, qual vai ser o diferencial do meu negócio, em que serei diferente, tanto com a concorrência do bairro, ou em que o meu negócio é diferente do modelo tradicional que ele foi criado.

- ✓ Meu negócio é do mesmo jeito que meu bisavô cuidava? estou replicando as mesmas técnicas 100 anos depois? avalie em sua mão tem um aparelho que há 10 anos não existia, será que todos formatos de negócios não sofreram também evolução? pense nisto e crie seu bebê com diferencial só seu, características só da sua família!

Sua empresa é um bebê!

SE UM PAI NÃO FAZ MAL AO SEU FILHO, IMAGINE DEUS

Sua empresa é um bebê!

Cap. 2

✓ Uma das preocupações para uma grávida é onde vai nascer seu neném, vai ser no hospital A ou B, vai ser o médico bacana, ou o mal educado, onde vai nascer tem UTI, se tem referência aquele Pediatra, se alguma amiga já fez algum procedimento com os envolvidos e como foi sua experiência. Porque com sua empresa seria diferente? você precisa analisar onde vai colocar seu bebê para nascer, que rua, que bairro, se é fluxo pela manhã, se é próximo de concorrentes, se tiver fluxo intenso, qual é o tamanho deste fluxo, quanto é a média de aluguel na área em que você quer estar, se for uma passagem de ponto, porque quem estava saiu, conversar com vizinhos para entender os acontecimentos do bairro, visualizar se existe espaço para um futuro crescimento.

Sua empresa é um bebê!

COMEÇOU PELA PALAVRA? NÃO LARGUE-A

Sua empresa é um bebê!

Cap. 2

Pré - Natal 6/8 - Estoque

✓ Um dos maiores gargalo, ou problema que uma gestão pode enfrentar é a anomalia do seu estoque, este não gerenciamento para se saber se o estoque pode ser totalmente conectado com o fornecedor, ou se precisa ter parte armazenado, se existe muitas regras burocráticas para a armazenagem, se o estoque deve ser contingenciado para evitar furtos, se o estoque é perecível, não analisar isto no projeto, tem semelhança ao casal que decidem ter um filho mais não examinam se possuem compatibilidade de sangue entre o casal, gerando assim um problema para a criança que poderia ter sido evitado com uma simples correção que após não corrigido vira um sério problema para o resto da vida!

Sua empresa é um bebê!

HORA DE SEPARAR OS GATOS DOS LEOPARDOS

Sua empresa é um bebê!

Cap. 2

✓ Ao começar um pré-natal sendo o médico preocupado com a criança e mais ainda com que a esta levando, é realizado um planejamento de medidas, se programa peso, pressão arterial, nível de líquido da placenta, e se projeta a evolução do bebe e da sua genitora. No planejamento da empresa temos que saber quantos produtos temos que vender para pagar todo custo operacional, quantos devemos vender para que seja viável o negócio, e quantos precisamos vender para crescermos. E definido o ponto de equilíbrio, temos noção da média de preço que nosso produto terá. Ex. Custo Fixo Mês / pelo volume pretendido de produto ou serviço = Preço de Custo mínimo.

Sua empresa é um bebê!

FILHOS PRÓSPEROS VEM DE PAIS SEGUROS

Sua empresa é um bebê!

Cap. 2

✓ Toda Criança ao nascer já ganha seu caderno de vacina para controle e gestão da sua fase de criança, neste caderno é gerido as dose de vacinas, tanto reativas quantos as preventivas, é também feito a gestão das medidas, tanto peso quanto altura, e circunferências. Porque raios você acha que na empresa não é da mesma forma? Sim, você deve ter um cartão de vacinação da sua empresa, mas nele ao invés de controle de injeções, você terá números de vendas, custo de mercadoria vendida, impostos, despesas operacionais, lucro bruto, lucro líquido, sendo assim vamos chamar este documento de Controladoria, e deve ser gerido até no máximo no quinto dia do mês subsequente, e avaliado semanalmente, para que se necessário, haja mudança na gestão para ampliar resultados ou estancar perdas!

Sua empresa é um bebê!

NÃO DEIXE SEU FILHO NO SERENO!

Sua empresa é um bebê!

Cap. 3

Nascimento / Parto

✓ Agora é a hora, de tudo que envolve o nascimento se ajuntar, o obstetra, o anestesista, a enfermeira chefe, a instrumentista, a Pediatra, A equipe do primeiro banho, enfim no plano de ação é a hora em que os fornecedores, começam a entregar suas mercadorias, o marketing produz a campanha de lançamento, o financeiro fecha os contratos com as operadoras de cartão, a equipe se envolve desde a limpeza, até a decoração e se for realmente engajada, até na divulgação eles assumem. Tempo de muito trabalho, com data e hora para o acontecimento os nervos ficam a flor da pele, a incerteza se tudo vai dar certo, se esta tudo realmente nos conformes. Neste dia respire, se tudo foi bem executado conforme o "pré-natal" planejou não tem erro você abraçará o milagre do "empreendedor" (da vida)

Sua empresa é um bebê!

FILHO, PEGOU A BLUSA?

Sua empresa é um bebê!

Cap. 4

Primeira Vestimenta

✓ Chegou o grande dia, todo planejamento foi respeitado, fizemos varias revisões (ultrassom) e a data tão esperada chegou, se escolhe a melhor roupa para ser colocada pela primeira vez, todos detalhes são pensados, nada pode dar errado, esta se iniciando ali uma grande história, que deve ser tratada com carinho atenção e dedicação! Este momento único merece o melhor, as pessoas todas devem ser comunicadas, vem aí mais um rei ou rainha já diria alguns mais empolgados, alguns chegariam a dizer, nunca vi nada mais bonito, que surpresa maravilhosa é mais bonito(a) que planejamos! E assim a saída da maternidade se torna o Start de muitos negócio, sendo sempre com grandes eventos de inauguração, divulgação em todas mídias, e também cheio de surpresas para os clientes aproveitarem!

Sua empresa é um bebê!

VOCÊ PARECE BICHO DO MATO NÃO FALA COM NINGUÉM

Sua empresa é um bebê!

Cap. 4

Primeira Semana

✓ Alguns problemas ocorrem como engasgamento do bebê, o leite que parece ser insuficiente, o teste do pezinho, dentre outros. Agora na empresa ou seja micro empresa também ocorre alguns desajustes, pois é por isto que empreender é a arte do fazedor, todos dias tem um desafio diferente, metas diferentes, problemas diferentes, mas tudo que conduzido com a técnica certa, leva ao crescimento solido. Nestes dias tudo é ainda nas micro porções, e o único alimento saudável é o leite materno. Ou seja não de ouvido aos bajuladores, ou aos críticos, que possuem "20.000 ideias" porem nunca abriram seus próprios negócios! foque no planejamento execute cada tarefa planejada, e lembre sempre o grande atleta só alcança seus objetivos por que tem frequência!

Sua empresa é um bebê!

VAI COMER MAIS UM PÃO? OLHA A BARRIGA!

Sua empresa é um bebê!

Cap. 5

✓ Teoricamente é quando se faz 1 Mês que tudo começou avaliar tendências, fazer um check-up geral, ver se tudo esta em ordem, sempre com foco preventivo, para não gerar surpresas, achou que eu estava falando do bebê? Não, estou falando da sua empresa, que se tudo deu certo, esta começando a exponenciar suas vendas, esta começando a ter retorno dos clientes que compraram a primeira vez, e de alguma forma sentiram impactados pela sua estratégia de empreender. Hora de avaliar e comparar o faturamento com a rentabilidade, conferir o cartão de vacina, (ops!), a controladoria, visualizar tendências, oportunidades, e se necessário já adaptar mix, as vezes as fraldas que o bebe usa da alergia, e só trocar resolve, assim também é com a equipe, falaremos mais sobre isto adiante.

Sua empresa é um bebê!

ESTAMOS EM TEMPOS DIFICEIS NÃO É PARA SOBRAR NO PRATO

Sua empresa é um bebê!

Cap. 5

✓ Nos primeiros 3 meses deu para sentir se vai ser fácil ou difícil bater as metas projetadas, deu também para ver se sua equipe esta contigo, ou se você deve disponibiliza-los para a concorrência, da analogia fazemos isto com nosso bebê, levamos ao um pediatra que nunca acha a solução para uma febre, suas indicações nunca resolvem o problema, natural trocarmos por um mais confiável. Assim este terceiro mês é chave para avaliar e dispensar da equipe quem não agrega, quem não vai te ajudar a chegar e ficar no topo.

✓ Sabedoria é ter uma equipe que consegue entender os propósitos da empresa, e sintam conectados com eles. Crie programas onde eles sintam participantes do seu negócio, no lucro ou no prejuízo!

Sua empresa é um bebê!

PODE COMER DE TUDO, LÁ NA AFRICA ESTÃO A TER FOME

Sua empresa é um bebê!

Cap. 6

6 Meses - 1/2

✓ As doenças de adaptação já passaram, e se seu bebê foi bem cuidado, já deve estar com sobre-peso, deve já estar chorando grosso, seus pais, já não perdem mais o sono na madrugada, passou o período de gases. Na empresa é hora de avaliar estamos dentro da meta anual? Nosso cadastro de clientes ativos, já nos mantém? Os clientes fidelizados, já podem me manter aberto sem eu precisar buscar novos clientes? Existe pesquisas que dizem que buscar um novo cliente é 5 vezes mais caro que manter um que já existe. E de cada 10 clientes que te trocam por outro estabelecimento é por causa do atendimento. Melhore o relacionamento com seus clientes, aumentando as dicas, sugestões, indicando bons produtos, surpreendendo sempre vamos abordar mais este assunto.

Sua empresa é um bebê!

DINHEIRO NÃO NASCE EM ÁRVORE

Sua empresa é um bebê!

✓ Melhore o seu atendimento, conecte mais com ele, facilite para ele ao máximo, nunca deixe passar datas específicas, aniversário, data de casamento, dia da primeira compra com você, cliente numero 1000, e assim você pode criar várias situações para envolver seus clientes, e eles se sentirem recíproco com você.

✓ Busque autoridade, mostre ao seu cliente que você entende do seu produto ou serviço, mostre a ele que seu conhecimento é segurança para ele não ser passado para trás em outro lugar.

✓ Fale da procedência dos seu produtos, conte uma historia de como seu produto ou serviço foi criado, chegou até você e porque você repassa da forma diferenciada!

✓ Só seja disponível sempre para os clientes Vip, crie mecanismo para isto acontecer!

Sua empresa é um bebê!

VAI RETIRAR ESTE BATOM AINDA NÃO É HORA!

Sua empresa é um bebê!

Cap. 7

✓ Lembre de um ditado, no galinheiro quem mais faz festa por botar um ovo, a galinha ou a pata? Faça barulho, esta é a festa de aniversário do primeiro ano do seu bebê. Provavelmente as coisas já caminham sozinha, claro que não firmemente, mais embora ainda cambaleando já existe uma estrutura montada, então faça um festa, crie promoções, sorteios, balões de surpresas, enfim promova esta vitória entre seus amigos, entenda que seu negócio deve de alguma forma estar beneficiando seus clientes, pois senão você provavelmente já teria fechado as portas.

✓ Este momento é uma grande oportunidade para lançar um novo serviço, um delivery, um programa de assinatura, um projeto de loja no terreno próximo, enfim, deve se fazer conforme o planejamento inicial!

Sua empresa é um bebê!

TÁ VENDO EU AVISEI!

Sua empresa é um bebê!

Cap. 8

13 Mês

✓ As metas anuais devem ser revistas, se você chegou até aqui, você viveu por completo todo ciclo, de uma empresa, você agora precisa começar a programar as férias, cursos de aperfeiçoamento, hora de rever as parcerias, buscar melhorar as compras diminuindo o custo da mercadoria vendida (CMV), busque novos parceiros, utilizando a força do seu histórico de compras, mas nunca abra mão da qualidade. Aliás vale salientar que qualquer mudança deve ser feita com comunicação aos clientes, levando eles a entenderem que o objetivo é melhorar não só para a empresa mais principalmente, beneficiar o seu cliente.

✓ Ao mudar de parceiro, intensifique por 60 dias as degustações, mostre aos clientes que o novo parceiro, chegou para agregar.

Sua empresa é um bebê!

VOCÊ NÃO VAI ME DAR UM NETO NÃO?

Sua empresa é um bebê!

Cap. 9

2 Anos - 1/2

✓ Hora de colocar seu bebe na escola, se você chegou aqui novamente faça festa. E já se considere empreendedor com sucesso, agora se esta condição vai continuar vai depender das decisões tomadas agora. Coloque seu bebe na escola para ele aprender a escrever, ler e interpretar. Contrate uma consultoria do Sebrae ou semelhantes, empresas com compromisso sério no seu crescimento, é hora do pulo do gato, daqui para frente começara a ficar claro a diferença dos gatos e dos leopardos. Agora que sua criança entra na escola que já começa a despontar sua habilidades, coordenação e inteligência.

✓ Hora de colher as primeiras alegrias, as primeiras apresentações, as primeiras cartinhas, e letrinhas. Falaremos mais disto!

Sua empresa é um bebê!

VOU PEDIR ORAÇÃO POR CAUSA DE VOCÊ

Sua empresa é um bebê!

Cap. 10

Detalhes

- ✓ Defina antes de inaugurar sua empresa a missão, Valores, e Objetivos. Para que nunca eles sejam desviados por sua equipe!
- ✓ Defina um nome único simples, e que esteja disponível em todas plataformas de mídias, FB, Instagram, youtube, e etc.
- ✓ Crie o diferencial que justificará cria-la, algo que seja diferente da forma que seu bisavô, avô ou pai faria se estivessem a frente do seu negócio.
- ✓ Gaste diariamente os minutos necessários para seus números, quem foca só no operacional, e esquece da gestão está fadado a ter vida curta!
- ✓ Não deixe suas contas pessoais misturarem com a da sua empresa, defina seu salário, e o deixe condizente com o seu negócio.

Sua empresa é um bebê!

NÃO FUI COM A CARA DESTA MENINA

Sua empresa é um bebê!

Cap. 10

✓ Seja 100% Fiscal, sabendo trabalhar, sendo bem assessorado você nunca precisará partir para elisão fiscal, até porque a sonegação trás falta de controle. E Controle é o que mais os órgãos fiscalizadores possuem hoje em dia!

✓ Segure ao máximo a próxima contratação seja ela do primeiro ou do milésimo. Tenha certeza que a operação está pronta para suportar aquele aumento do custo.

✓ Seu negócio pode até ter um mix grande, porem seja em um produto, ou grupo de produto, o melhor, o que mais gera valor agregado.

✓ Defina o sub-nicho em que quer trabalhar, foque no público específico que você fala a mesma linguagem, onde você tem mais experiência e agrega como empresário!

Sua empresa é um bebê!

VOCÊ É MINHA RENDA FIXA DO FUTURO

Sua empresa é um bebê!

Cap. 10

Detalhes

- ✓ Escolha um bom sistema, para auxiliar na operação do seu negócio. Computadores possuem memórias mais apuradas e mais rápida que a nossa, nos deixando mais focados no negocio em si.
- ✓ Tenha um contador que participa da sua empresa, que se envolva, que busque alternativa para melhorar a gestão e diminuição das despesas, ou passivos.
- ✓ Tenha um advogado, que te de segurança, pelo menos para 2 áreas, a trabalhista, e a civil, para te auxiliar e conduzir na hora necessária.
- ✓ Não fique de fora da mercado digital, este já esta sendo o futuro dos negócios, tenha pelo menos a utilização de 3 ferramentas destas mais modernas.
- ✓ Nunca esqueça que liderar pessoas é saber fazer e ser o primeiro a fazer. Envolvimento arrasta as pessoas!

Sua empresa é um bebê!

DESEJO DE MÃE PEGA, HÁ SE PEGA!

Sua empresa é um bebê!

www.ingramcontent.com/pod-product-compliance
Lightning Source LLC
Chambersburg PA
CBHW031500210526
45463CB00003B/1012